W9-BFN-224

¿Qué pasa en el invierno?

El clima en el invierno

por Jenny Fretland VanVoorst

Bullfrog Books

Ideas para padres y maestros

Bullfrog Books permite a los niños practicar la lectura de texto informacional desde el nivel principiante. Repeticiones, palabras conocidas y descripciones en las imágenes ayudan a los lectores principiantes.

Antes de leer
- Hablen acerca de las fotografías. ¿Qué representan para ellos?
- Consulten juntos el glosario de fotografías. Lean las palabras y hablen de ellas.

Lean en libro
- "Caminen" a través del libro y observen las fotografías. Deje que el niño haga preguntas. Señale las descripciones en las imágenes.
- Lea el libro al niño, o deje que él o ella lo lea independientemente.

Después de leer
- Inspire a que el niño piense más. Pregunte: ¿Cómo es el clima durante el invierno en dónde vives? ¿Qué tipo de actividades te gusta hacer afuera en el invierno?

Bullfrog Books are published by Jump!
5357 Penn Avenue South
Minneapolis, MN 55419
www.jumplibrary.com

Copyright © 2017 Jump! International copyright reserved in all countries. No part of this book may be reproduced in any form without written permission from the publisher.

Library of Congress Cataloging-in-Publication Data

Names: Fretland VanVoorst, Jenny, 1972– author.
Title: El clima en el invierno / por Jenny Fretland VanVoorst.
Other titles: Weather in winter. Spanish
Description: Minneapolis, MN: Jump!, Inc. [2017]
Series: ¿Qué pasa en el invierno?
"Bullfrog Books are published by Jump!."
Audience: Ages 5–8. | Audience: K to grade 3.
Includes bibliographical references and index.
Identifiers: LCCN 2016010678 (print)
LCCN 2016012521 (ebook)
ISBN 9781620315156 (hardcover: alk. paper)
ISBN 9781620315309 (paperback)
ISBN 9781624964787 (ebook)
Subjects: LCSH:
Weather—Juvenile literature.
Winter—Juvenile literature.
Classification: LCC QB637.8 .F7418 2017 (print)
LCC QB637.8 (ebook) | DDC 508.2—dc23
LC record available at http://lccn.loc.gov/2016010678

Series Designer: Ellen Huber
Book Designer: Leah Sanders
Photo Researchers: Kirsten Chang, Leah Sanders
Translator: RAM Translations

Photo Credits: All photos by Shutterstock except: Getty Images, 8–9, 24; Glow Images, 20–21; iStock, cover, 12–13, 23br; Thinkstock, 10, 14–15, 16, 17, 22bl, 23tl, 23tr.

Printed in the United States of America at Corporate Graphics in North Mankato, Minnesota.

Tabla de contenido

Maravillas invernales

El invierno llegó.

Los árboles han perdido sus hojas.

El cielo es de
color blanco.

¿Por qué?

Las nubes están
llenas de nieve.

La nieve cae rápido.

Juguemos afuera.

El aire está frío.

Necesitas usar un abrigo.

Ben se pone sus guantes.

También se pone un gorro.

Ben y Dev salen
a usar el trineo.
¡Genial!

Algunas veces la nieve
es ligera y suave.

Will sale a caminar.

Él atrapa un copo de
nieve con su lengua.

Algunas veces la
nieve es mojada.
Está pesada.

Es buena para
hacer bolas
de nieve.

Ava y Mia tienen
una pelea de
bolas de nieve.

El viento del invierno sopla.

La nieve vuela.

Se va a la deriva.

Cubre la banqueta.
¡Es tiempo de apalear!

El agua se
congela en hielo.

Meg patina sobre el
estanque congelado.

¡El invierno es divertido!

El agua en el invierno

nieve

granizo

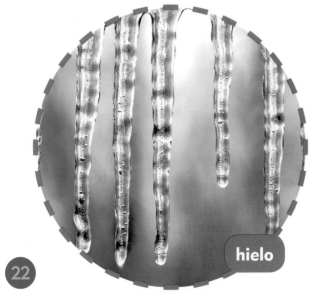

hielo

aguanieve

Glosario con fotografías

bola de nieve
Masa redonda
de nieve formada
con las manos.

derivar
Dejarse llevar por
una corriente de
agua, viento o aire.

copo de nieve
Un copo de
cristal o nieve.

suave
Ser ligero
y aireado.

Índice

Para aprender más

Aprender más es tan fácil como 1, 2, 3.

1) Visite www.factsurfer.com

2) Escriba "elclimaenelinvierno" en la caja de búsqueda.

3) Haga clic en el botón "Surf" para obtener una lista de sitios web.

Con factsurfer.com, esta información está a solo un clic de distancia.